BEI GRIN MACHT SICH IHR WISSEN BEZAHLT

- Wir veröffentlichen Ihre Hausarbeit, Bachelor- und Masterarbeit

- Ihr eigenes eBook und Buch - weltweit in allen wichtigen Shops

- Verdienen Sie an jedem Verkauf

Jetzt bei www.GRIN.com hochladen und kostenlos publizieren

Bibliografische Information der Deutschen Nationalbibliothek:

Die Deutsche Bibliothek verzeichnet diese Publikation in der Deutschen National-bibliografie; detaillierte bibliografische Daten sind im Internet über http://dnb.d-nb.de/ abrufbar.

Impressum:

Copyright © 2019 GRIN Verlag
Druck und Bindung: Books on Demand GmbH, Norderstedt Germany
ISBN: 9783346062970

Dieses Buch bei GRIN:

https://www.grin.com/document/505839

Anonym

Industrie 4.0. Wie die Digitalisierung voranschreitet

GRIN Verlag

GRIN - Your knowledge has value

Der GRIN Verlag publiziert seit 1998 wissenschaftliche Arbeiten von Studenten, Hochschullehrern und anderen Akademikern als eBook und gedrucktes Buch. Die Verlagswebsite www.grin.com ist die ideale Plattform zur Veröffentlichung von Hausarbeiten, Abschlussarbeiten, wissenschaftlichen Aufsätzen, Dissertationen und Fachbüchern.

Besuchen Sie uns im Internet:

http://www.grin.com/

http://www.facebook.com/grincom

http://www.twitter.com/grin_com

FOM Hochschule für Oekonomie & Management Essen

Standort Duisburg

Berufsbegleitender Studiengang zum

Bachelor of Arts (BBA)

7. Semester

Seminararbeit in Wissenschaftliches Arbeiten

Industrie 4.0, wie die Digitalisierung voranschreitet

Wortanzahl: 4003

Abgabedatum: 30.07.2019

Inhaltsverzeichnis

Abbildungsverzeichnis IV

Tabellenverzeichnis V

Abkürzungsverzeichnis VI

1   Einleitung 7

    1.1   Problemstellung... 7

    1.2   Zielsetzung und Gang der Arbeit 8

2   Theoretische Grundlagen der Industrialisierung und Digitalisierung 8

    2.1   Begriffsbestimmung Industrialisierung und Digitalisierung........... 8

        2.1.1   Die industrielle Revolution 1.0................................... 9

        2.1.2   Die industrielle Revolution 2.0................................... 9

        2.1.3   Die industrielle Revolution 3.0................................. 10

3   Merkmale der industriellen Revolution 4.0..................................... 10

    3.1   Unterschiede zur Historie.. 11

        3.1.1   Technologietrends... 12

        3.1.2   Der Wandel 13

        3.1.3   Internet der Dinge 13

    3.2   Digitalisierung im Unternehmen.. 14

    3.3   Bedeutung für den Arbeitsplatz und das Unternehmen 16

4   Zukünftige Produktionsprozesse mit Industrie 4.0........................... 16

    4.1   Personalprozesse, Entwicklung und Führung 17

        4.1.1   Assistenzszenario – der Akteur Mensch.................... 18

        4.1.2   Automatisierungsszenario – der Akteur Maschine...... 19

        4.1.3   Ersetzbarkeit als Gefahr... 20

    4.2   Kritische Würdigung und Handlungsempfehlung 20

5   Fazit 22

5.1   Zielerreichung 22

5.2   Perspektiven 22

Literaturverzeichnis 23

Abbildungsverzeichnis

Abbildung 1: Die vier Stufen der industriellen Revolution

Abbildung 2: Befragung zum Grad der Digitalisierung in Unternehmen

Tabellenverzeichnis

Tabelle 1: Veränderung der Führung in der Industrie 4.0

Abkürzungsverzeichnis

Apas	Automatische Produktionsassistenten
CPS	Cyber Physical System
FTF	fahrerlosen Transportfahrzeuge
FTS	fahrerlose Transportsysteme
IaaS	Infrastructure as a Service
PaaS	Plattform as a Service
SaaS	Software as a Sercive
XaaS	Anything as a Service
Z3	Zuse 3 (Computer von Otto Zuse)

1 Einleitung

Was hat es auf sich mit diesem Wort, welches in aller Munde ist - Industrie 4.0? Industrie 4.0, die vierte industrielle Revolution, ein Projekt mit weitreichenden Folgen für die gesamte Weltwirtschaft und somit auch für Deutschland. Die sogenannte Smart Factory auch intelligente Fabrik genannt, die sich durch eine intelligente digitale Umwelt auszeichnet. Ressourceneffizienz, Ergonomie, Anpassungsfähigkeit, sowie die Integration von Kunden und Geschäftspartnern in Geschäfts- und Wertschöpfungsprozesse sind die Hauptcharakteristiken. Als technologische Basis gelten hierbei die Cyber-physischen-Systeme, Business Analytics und daraus resultierend das Internet der Dinge. Industrie 4.0, ein politisches und globales Thema in der Bundesregierung, in der Forschung und in Wirtschaftsunternehmen. Die Zukunft ist die digitalisierte Massenproduktion und die Verbreitung und Vernetzung von und mit Informationstechnologien weltweit.[1] Mit oder ohne den Menschen? Eine bedeutende Frage?!

1.1 Problemstellung

Industrie 4.0, Digitalisierung, das Internet der Dinge - Schlagwörter die die Arbeit der Zukunft beschreiben. Wie können Unternehmen sich darauf einstellen und was erwartet sie? Mit welchen Anforderungen werden sie konfrontiert und woher ergibt sich Industrie 4.0 bzw. was vor davor? Digitalisierung, Big Data ist in aller Munde. Was hat es damit auf sich? Wird der Mensch vollständig durch die Maschine ersetzt? Dies sind alles Fragen, mit denen sich Unternehmen und Menschen in Deutschland beschäftigen. Zusammengefasst beschäftigt sich diese wissenschaftliche Arbeit somit mit der Forschungsfrage: Womit müssen sich Unternehmen in Deutschland auseinandersetzen, wenn sie das Thema Industrie 4.0 und damit einhergehend die Digitalisierung in ihrem Unternehmen etablieren möchten? Unternehmer müssen zunächst einmal überhaupt verstehen, was es mit den verschiedenen Begrifflichkeiten auf sich hat. Dies und mehr gilt es im Verlauf dieser Arbeit zu beantworten, um ein Grundverständnis mit abschließender Handlungsempfehlung herauszufiltern und letztlich ein Fazit zu ziehen und Perspektiven aufzuzeigen.

---

[1] Vgl. *Botthof, A., Hartmann, A.*, Zukunft der Arbeit, 2015, S. 3 ff.

1.2 Zielsetzung und Gang der Arbeit

In dieser wissenschaftlichen Arbeit wird das Thema Industrie 4.0 – wie die Digitalisierung insbesondere in Deutschland voranschreitet, durchleuchtet. Ziel ist es, dem Leser eine Übersicht über die relevanten Daten zu diesem Thema zu bieten und die Forschungsfrage „Womit müssen sich Unternehmen in Deutschland auseinandersetzen, wenn Sie das Thema Industrie 4.0 und damit einhergehend die Digitalisierung in ihrem Unternehmen etablieren möchten?". Hierzu erfolgt im zweiten Kapitel eine generelle Begriffsbestimmung über Industrialisierung und Digitalisierung, gefolgt von theoretischen Grundlagen der einzelnen industriellen Epochen. Im dritten Kapitel wird dann der eigentliche Teil Industrie 4.0 erläutert und einem historischen Vergleich unterzogen. Das vierte Kapitel setzt sich mit den zwei Hauptakteuren Mensch und Maschine auseinander. Eine kritische Würdigung und Handlungsempfehlung folgt im Anschluss. Das fünfte und letzte Kapitel bildet durch ein Fazit mit Zielerreichung und einen perspektivischen Ausblick zum Thema, den Schlussteil. Es wird eine ausführliche Literaturrecherche aus dem FOM-Online-Campus – hier Ebesco, Wisio, Springer, Google Scholar, und der Universitäts-Bibliothek Duisburg zugrunde gelegt, die mit indirekten Zitaten, aber auch aussagekräftigen Abbildungen an das Thema heranführt.

2 Theoretische Grundlagen der Industrialisierung und Digitalisierung

Dieses Kapitel erläutert die theoretischen Grundlagen der Industrialisierung und Digitalisierung. Die Begriffsbestimmung ist ein wesentlicher Bestandteil dieser wissenschaftlichen Arbeit und folgt in diesem Kapitel.

2.1 Begriffsbestimmung Industrialisierung und Digitalisierung

Der Begriff der Industrialisierung auch gleichzusetzen mit der industriellen Revolution findet ihren Anfang im 18. Jahrhundert mit der Erfindung und dem Einsatz der Dampfmaschine. Mit ihr wurde die erste dampfbetriebene Maschine, der mechanische Webstuhl eingesetzt. Die industrielle Revolution war entfacht, gefolgt von arbeitsteiliger und maschineller Massenproduktion. Heute steht die Anwendung moderner Informations- und Kommunikationstechnologien und die Prozessoptimierung unter Berücksichtigung der Kundenanforderungen, sowie die Betrachtung der gesamten Wertschöpfungskette im

Vordergrund.[2] Die Digitalisierung findet in der Praxis in einer Reihe von unterschiedlichen Bereichen Anwendung. Hierbei werden analoge Prozesse in einen elektronisch unterstützende Prozesse umgewandelt, wozu Informations- und Kommunikationssysteme unterstützend herangezogen werden. Je nach Digitalisierungskonzept unterscheiden sich die herangezogenen Systeme nach Branchen und Unternehmensgröße.[3]

2.1.1 Die industrielle Revolution 1.0

Die erste industrielle Revolution bezeichnet die durch grundlegende technische Erfindung entstandene Industrialisierung, die eine Umwandlung der Sozial- und Gesellschaftsordnung mit sich brachte und zwischen 1760 und 1830 ihren Anfang fand. Allgemein wird als Auslöser die Erfindung der Dampfmaschine gesehen, wie im Vorkapitel beschrieben.[4] Es gab Vor- und Nachteile, bedingt durch eine schnelle Entwicklung von neuen Technologien und Fortbewegungsmöglichkeiten. Beispielhaft sind die strukturellen Hungersnöte der Bevölkerung die abnahmen und die Bevölkerungszahl die stark zunahmen. Durch die neuen logistischen Mittel war eine zügige und sichere Versorgung durch den Agrarsektor für die Menschen in den industriellen Städten möglich.[5]

2.1.2 Die industrielle Revolution 2.0

Zu Beginn des 20. Jahrhunderts beginnt die zweite industrielle Revolution und mit ihr die Entdeckung der Elektrizität, was die ersten Fließbandmaschinen in arbeitsteiliger Massenproduktion möglich machte. Henry Ford bekannt für die Einführung der ersten Fließbandproduktion begann damit 1913 im großen Stil und arbeitete ständig an der Weiterentwicklung. Mit den ersten am Fließband automatisiert hergestellten Automobilen, war die Akkordarbeit für geleistete Mengeneinheiten entstanden. Menschen wurden von nun an im Akkordlohn bezahlt. Erste Lieferungen über die Ländergrenzen, sogar Kontinente hinaus begannen und somit auch die Anfänge der Globalisierung. Schiffe, Eisenbahnen und somit auch der Schwertransport war in diesen Zeiten möglich geworden. Die wirtschaftliche Zusammenarbeit zwischen Händlern wurde grundlegend verändert.[6]

---

[2] Vgl. *Betsch, O., Thomas, P.*, Industrialisierung, 2005, S. 57-137.
[3] Vgl. *Schütze-Kreilkamp, U.*, Digitalisierung, 2017, S. 24.
[4] Vgl. *Ceylan, R.*, Wandel Industrie, 2006, S. 36.
[5] Vgl. *Walter, R.*, Wirtschaftsgeschichte, 2011, S. 17 ff.
[6] Vgl. *Kersten, W., et al.*, Industriebewegung, 2014, S. 130.

Die Revolutionierung der Telekommunikation wie Telefax und Telefon durch die Entdeckung der Elektrizität war ein weiterer wichtiger Meilenstein in der Epoche Industrie 2.0. Es wurde möglich, relativ kostengünstig und schnell auf den Telewegen weltweit zu kommunizieren, was wiederum dazu führte, dass die Menschen begannen sich miteinander über weite Strecken hinaus zu vernetzen.[7]

2.1.3 Die industrielle Revolution 3.0

Die dritte industrielle Revolution begann Anfang 70er Jahre. Der Personalcomputer wurde in den ersten Büros eingesetzt und war schon bald aus Unternehmen nicht mehr wegzudenken, denn es wurden Netzwerke weltweit geschaffen, die Kooperationen möglich machten. Ein neuer Industriezweig – für geschäftlichen und privaten Nutzen, war geboren. Noch vor den 1970er Jahren wurde der erste funktionsfähige Computer 1941 von Konrad Ernst Otto Zuse in Form des Z3 entwickelt. Dieser Computer war in der Lage frei programmiert zu werden, da er vollautomatisch und programmgesteuert war.[8]

Außerdem war die dritte industrielle Revolution geprägt durch Robotereinsätze, neue Materialien und zentrale Steuerungssysteme.[9]

3 Merkmale der industriellen Revolution 4.0

Die Merkmale der industriellen Revolutionen von 1.0 bis 3.0 wurden im vorherigen Kapitel ausführlich erläutert. In diesem Kapitel geht es darum, die Unterschiede der Industrie 4.0 herauszustellen. Hierzu werden im nachfolgenden Unterkapitel 3.1 die historischen Unterschiede dargelegt und im darauffolgenden Unterkapitel 3.2 die aktuellen Technologietrends vorgestellt.

Als Industrie 4.0 wird die intelligente Vernetzung von sämtlichen Akteuren in der gesamten Wertschöpfungskette, vom Lieferanten (auch dem Zulieferer) bis hin zum Kunden und dies in einer digitalen Umgebung bezeichnet. Unternehmen befinden sich im Zeitalter der Digitalisierung wieder, wenn alle relevanten Informationen auswertbar aufgenommen

---

[7] Vgl. *Sendler, U.*, Kommunikation, 2016, S. 23.
[8] Vgl. *Frick, T.*, Industrierevolutionen, https://industrie-wegweiser.de/von-industrie-1-0-bis-4-0-industrie-im-wandel-der-zeit/, Zugriff am 24.07.2019.
[9] Vgl. *Kagermann, H., et al.*, Start Industrie 4.0, https://www.wiso-net.de/document/VDIN__477520%7CVDIA__477520, 2011, S.1-2, Zugriff am 24.07.2019.

werden können - dies können zum Teil immense Datenmengen (Big Data= große Datenmenge) sein.[10] Die Automatisierung von Produktionsprozessen wird durch die IT-unterstützte Vernetzung und Bereitstellung von aufbereiteten Informationen Zeiteffizienzen hervorbringen. Mit Hilfe von Cloud-basierten MES-Lösungen „intelligente Services" werden neben zukunftsfähigen Produktionsanlagen eine vorausschauende Wartung und Instandhaltung durchführen und verwalten lassen.11

3.1 Unterschiede zur Historie

Die deutsche Bundesregierung prägte im Jahr 2011 den Begriff Industrie 4.0 aus ihrer politischen High-Tech-Strategie heraus. Hierbei sollte ein Bezug zu den vorherigen drei industriellen Revolutionen hergestellt werden. Die industriellen Revolutionen entstanden weil sie entstehen mussten, aus den jeweiligen Gegebenheiten heraus. Im Grunde spricht für jede Revolution ein symbolischer Meilenstein und ebenso der steigende Grad der Komplexität. Nachfolgend bezugnehmend auf Kapitel 2 dieser Arbeit werden in diesem Kapitel die wesentlichen Epochen chronologisch dargestellt. Im Jahr 1784 leitete die Erfindung des ersten mechanischen Webstuhls, betrieben durch Wasser- und Dampfkraft, die erste industrielle Revolution ein. Ungefähr 100 Jahre darauffolgend wurde erstmalig die arbeitsteilige Massenproduktion durch den Einsatz des ersten Fließbandes eingeleitet. Hiermit war die zweite industrielle Revolution geboren. Gefolgt von der dritten industriellen Revolution gegen Ende des 20. Jahrhunderts mit Einführung der Computer in die Industrie. Mit dem jüngsten Projekt Industrie 4.0 soll somit die vierte industrielle Revolution vorangebracht werden. Hierbei sind die wesentlichen Merkmale wie eingangs in diesem Kapitel erläutert, die Digitalisierung und Vernetzung in produzierenden Unternehmen richtungsweisend. Die durchgängige Abbildung des Warenflusses, auch standortübergreifend findet im Zusammenspiel mit Mensch und Maschine statt. Hierbei sind als Kernkonzepte die Business Analytics und Cyber Physical Systems zu benennen. Hierzu wird im folgenden Unterkapitel 3.1.1 Technologietrends näher eingegangen.[12]

In der nachfolgenden Abbildung werden die vier Stufen der industriellen Revolution anschaulich dargestellt:

---

[10] Vgl. *Seiter, M., et al.,* Umsetzung Industrie 4.0, 2016, S. 7.
[11] Vgl. *Pinnow, C., Schäfer S.,* IT-Sicherheit, 2017, S. 38 f.
[12] Vgl. *Seiter, M., et al.,* Umsetzung Industrie 4.0, 2016, S. 7.

Abbildung 1: Die vier Stufen der industriellen Revolution

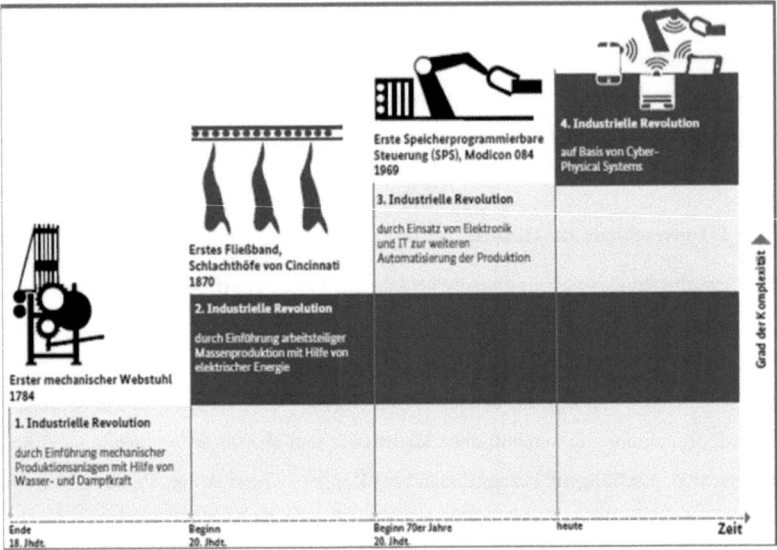

Quelle: https://eneff-industrie.info/textbeitraege/2015/impulse-zu-industrie-40-und-digi-taler-wirtschaft/, Zugriff 21.07.2019, © BMWi, acatech

In dieser Abbildung 2 werden die vier Stufen in einem Zeitraffer dem Grad der Komplexität gegenübergestellt, die mit jeder neuen Epoche weiter steigt. Die einzelnen Epochen wurden in den vorherigen Kapiteln bereits erläutert.

3.1.1 Technologietrends

Die Kernkonzepte der Industrie 4.0 sind Cyber Physical Systems, kurz CPS und Business Analytics. CPS wird z.B. bei modernen Produktionsanlagen eingesetzt, hier werden sogenannte Mikrocontroller, kleine Computersysteme mit einer speziellen Software zur Steuerung, Regelung und Überwachung eingesetzt. Wobei die Produktionsanlage selbst für das Physical und die spezielle Software das Cyber steht. Sobald ein Kommunikationsnetz zwecks Komponentenkontrolle und Fernwartung integriert ist, wird daraus ein CPS. Business Analytics ist die Möglichkeit analytische Auswertungsmethoden auf große Datenmengen anzuwenden. Die Besonderheit ist, dass dies in Echtzeit und automatisch möglich ist. Wenn also CPS und Business Analytics kombiniert werden, sind die

Voraussetzungen für Industrie 4.0 gegeben. Gesamtheitlich spricht man von smarter Produktion mit smarten Produkten, wenn innerhalb eines Unternehmens die Digitalisierung und Vernetzung funktionieren.[13]

3.1.2 Der Wandel

Der derzeitige Wandel in Sachen Digitalisierung bringt in vielerlei Hinsicht Neuerungen mit sich und zwar in sämtlichen Bereichen, wie den Natur- und Ingenieurswissenschaften, Managementwissenschaften, aber auch der Psychologie u.v.m.. Die Transformation durchleben alle Bereiche auf Ihre Art. Bspw. die Psychologie sieht sich vor ganz neuen Themenfeldern wie User Experience, Maschinelles Lernen oder in Bezug auf die Prozessoptimierung in der Arbeitswelt – Industrie 4.0. Hierbei wird ein Begriff im digitalen Zeitalter verbunden „The Digital Turn". Die strategische Mensch-Maschine Partnerschaft ist ebenso ein prägender Begriff für die derzeitige digitale Transformation. Bei dieser Partnerschaft greift der Mensch auf kognitive Technologien zu und ergänzt sie um seine Fähigkeit des Adlerblicks, also das Große-Ganze zu sehen und zu verstehen. Eine Kontrolle wird bei dieser Beziehung eine bedeutende Rolle spielen, denn Nebenwirkungen sind vorprogrammiert, vor allem aber jene die heute noch nicht ersichtlich sind.[14]

3.1.3 Internet der Dinge

Das Internet ist heute ein fester Bestandteil des Lebens, sowohl beruflich als auch privat. Der Einzug von sogenannten „intelligenten" Gegenständen bzw. Dingen nimmt derzeit Fahrt auf. Beispielsweise intelligente Joghurtbecher, deren Verfallsdatum eine Erinnerung bis hin zur Auslösung einer Nachbestellung führen. Man spricht auch von selbstgesteuerten Produkten, die eigenständig in einem Herstellungsprozess landen bzw. diesen auslösen. Das Internet der Dinge ist als Teilsystem des Konzeptes Industrie 4.0 zu verstehen und gehört somit unabdingbar zusammen. Eine künstliche Intelligenz die in der Lage ist, ständig dazu zu lernen und somit dem Menschen mehr und mehr Entscheidungen abzunehmen.[15]

---

[13] Vgl. *Seiter, M., et al.*, Umsetzung Industrie 4.0, 2016, S. 8-9.
[14] Vgl. *Deckert, R.*, Technolgoischer Wandel, 2019, S. 1-6.
[15] Vgl. *Bremer, A.,* Internet der Dinge, 2017, S. 11 ff.

3.2 Digitalisierung im Unternehmen

Unternehmen nutzen bereits viele digitale Möglichkeiten in verschiedenen Bereichen, wobei die Vernetzung und Aufbereitung von großen Datenmengen dabei eine immer gewichtigere Rolle spielt. Mit Cloud-Computing z.B. können Unternehmen über externen Speicherplatz verfügen und ebenso eine Plattform zum Ablauf von Anwendungen nutzen. Im Wesentlichen werden IT-Ressourcen dynamisch bereitgestellt und zwar durch eine Kombination aus Internet und Virtualisierung. Hierbei können verschiedene Dienste im Cloud-Bereich in Anspruch genommen werden, wie Software as a Service (SaaS), Plattform as a Service (PaaS) oder Infrastructure as a Service (IaaS) und das jüngste Angebot Anything as a Service (XaaS). Unternehmen können mit der Verwendung von Cloud-Computing ihre Prozesse effizienter und effektiver gestalten und Kosten reduzieren u.a. durch Ressourcenschonung.[16]

Die nachfolgende Abbildung zeigt eine Selbsteinschätzung von befragten Unternehmen in Deutschland im Jahre 2018 zum Grad der Digitalisierung. Die Mitarbeiteranzahl wird einer prozentualen Verteilung von drei Befragungskriterien - Vorreiter; Nachzügler oder Anschluss verpasst, gegenübergestellt.

---

[16] Vgl. *Gleich, R.*, Cloud-Computing, 2016, S. 90 f.

14

Abbildung 2: Befragung zum Grad der Digitalisierung in Unternehmen

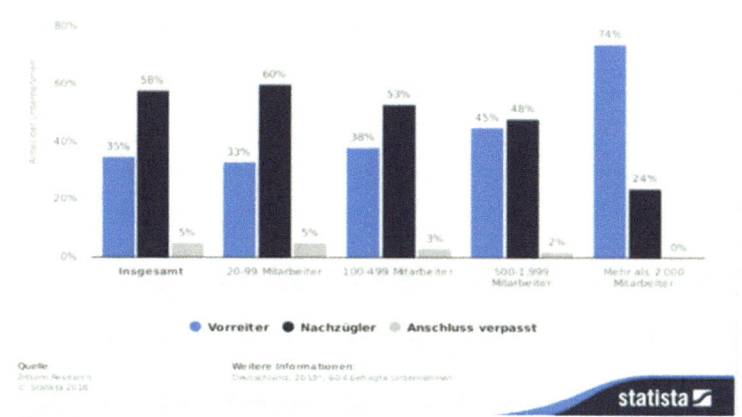

Quelle: Bitcom Research © Statista 2018

In dieser Abbildung 2 sind wie oben bereits erwähnt die Umfragewerte von 604 Unternehmen in Deutschland zum Grad der Digitalisierung abgebildet. Deutlich zu sehen, dass insgesamt 58% der befragten Unternehmen sich selbst als Nachzügler einschätzen. Mit steigender Mitarbeiteranzahl sehen sich die Unternehmen als Vorreiter. Grund hierfür ist, dass in größeren Unternehmen für die Umsetzung der Digitalisierungsstrategien mehr Ressourcen zur Verfügung gestellt werden können.

Ein wichtiges Thema wird es hierbei immer in die Konzeptionen schaffen, das Thema Datenschutz. Die aktuelle EU-Datenschutz-Grundverordnung. Der Umgang mit personenbezogenen Daten ist Gegenstand dieser Regelung. Unternehmen sind per Gesetz dazu verpflichtet, hier eine ordentliche und gewissenhafte Vorgehensweise zu erfüllen.17 Dies vorausgesetzt, wird dieses Thema in dieser wissenschaftlichen Arbeit nicht weiter erörtert.

---

[17] Vgl. *Schneider, J.*, Datenschutz, 2017, S. 15 f.

3.3 Bedeutung für den Arbeitsplatz und das Unternehmen

Vernetzte Geräte werden zum digitalen Begleiter des Mitarbeiters, sowohl im beruflichen als auch im privaten Umfeld. Der Einsatz von sogenannten Wearables -elektronische Geräte die in Form von Kleidung oder Accessoirs von den Mitarbeitern am Körper getragen werden. Sie haben eine eingebaute Sensorik und Rechenkapazität, die Daten mit speichern und auswerten können. Heute sind das die bereits beliebten Wearables in Form von Smart Watches (Smarte Uhren), Glasses (Brillen) und Fitness Trackern (Fitnessarmband, Verfolger). Auch Unternehmen setzen sie bereits ein, bspw. das Unternehmen Tesco, eine britische Supermarktkette, die als Vorreiter bei dem Einsatz von Wearables für ihre Mitarbeiter fungierte. In sämtlichen Distributionszentren werden seit 2004 im Logistikbereich Informationen und Empfehlungen an die Mitarbeiter über Wearables verbreitet. Der Mitarbeiter kann Waren mit seinem Armband kommissionieren und somit wertvolle Zeit einsparen, weil z.B. die Dokumentation für den Mitarbeiter entfällt. Zudem können Analysen und Auswertungen bereitgestellt werden, welche dem Mitarbeiter die Arbeit erleichtern können. Tesco konnte durch den Einsatz der Wearables die Effizienz der Kommissionierungsprozesse um 18 % steigern.[18] Unternehmen werden aus von Wettbewerbsgründen nach und nach ihre Produktionen entsprechend umstellen auf smarte Fertigungstechnologien oder auch Smartfactory, je nach Branche wird dies früher oder später passieren.

4 Zukünftige Produktionsprozesse mit Industrie 4.0

Im vorherigen Kapitel wurde eine ausführliche Betrachtung über die Eigenschaften der Smartfactory durchgeführt. Davon ausgehend, dass das die Zukunft sein wird, werden die Personalplanung und die Personalentwicklung eine bereits ohnehin schwierige Fachkräftesituation meistern müssen. Daher folgt in diesem Kapitel vordergründig die Betrachtung des Menschen bzw. des Mitarbeiters/ Personals. Die Personalplanung und Entwicklung in Zeiten der vierten industriellen Revolution werden neben dem Assistenz- und Automatisierungsszenario thematisiert. Eine Bewertung der beiden Szenarien bildet den Abschluss dieses Kapitels.

---

[18] Vgl. *Pinnow, C., Schäfer, S.,* IT-Sicherheit, 2017, S. 115-116.

4.1 Personalprozesse, Entwicklung und Führung

Die fortschreitende Digitalisierung u.a. mit Smartfactorys wird die Arbeitswelt so verändern, dass der heutige Mitarbeiter zum Wissensmitarbeiter werden wird und muss. Er wird Arbeitsschritte situativ eigenständig anpassen, anstatt auf starre Arbeitsanweisungen zuzugreifen. Der Produktionsarbeiter wird von dieser Transformation am meisten betroffen sein, da grade in diesem Bereich sehr viele ungelernte Kräfte eingesetzt werden. Aber auch innerhalb der Verwaltung oder den kaufmännischen Berufen wird es spürbare Veränderungen geben. Die Zukunft wird aus höher qualifiziertem Produktionspersonal bestehen, da dieses mit der Informationstechnologie lernen wird mitzuhalten. Ständige Bereitschaft zur Weiterbildung wird eine immer wichtiger werdende Kernkompetenz des Einzelnen sein. Die Unternehmen bzw. die Personalabteilungen übernehmen noch einmal mehr die Funktion des ständigen Antreibers in puncto Weiter- und Fortbildung. Teams werden deutlich weniger als heute, nicht mehr an einem Ort zusammen kommen müssen, da sie dies virtuell tun werden. Sie werden an ihrer fachlichen Entwicklung gemeinsam arbeiten, dabei wird der Teamgedanke immer wichtiger werden. Agilität wird in sämtliche Teams, Unternehmensbereiche und deren Stakeholder einziehen.[19]

Die Mitarbeiter von morgen, also die Auszubildenden bringen per sé schon eine sozusagen digitales Basisverständnis mit, weil sie in einer digitalen Welt aufwachsen, dennoch werden sich auch die Personalabteilungen dieser Welt umstellen müssen und dafür Sorge tragen, dass Ausbildungen flexibler und selbstbestimmter verlaufen müssen. Die nächste Mitarbeitergeneration wird an anderen Kernkompetenzen gemessen werden, als heute. Hier werden technisches Verständnis, Kreativität und Selbstorganisation gefragt sein. Der digitale Wandel wird sich durch alle Qualifikationsstufen erstrecken.20

---

[19] Vgl. *Kagermann, H.,* https://www.zeit.de/karriere/beruf/2014-11/henning-kagermann-zukunft-arbeit-interview, Mitarbeiter im Vordergrund, 20.11.14, Zugriff am 25.07.19.
[20] Vgl. *Andelfinger, V., Hänisch, T.,* Wandel der Arbeitswelt, 2017, S. 239 ff.

Auch in Sachen Führung werden Veränderungen passieren müssen. Hierzu die nachfolgende Tabelle:

Tabelle 1: Veränderung der Führung in der Industrie 4.0

Dimension	Traditionelle Führung	Digital Leadership
Entscheidung	Delegation und Kontrolle im Fokus	Abstimmung und Reflexion zum Bewerten
Information	In Stufen und selektiv	In Echtzeit und vollständig
Fehler und Konflikte	Regelwerke und Konsequenzen	Lernfortschritt und Unterstützung

Quelle: In Anlehnung an *Pundt, L., Greve, A.,* Führung, 2017, S. 16.

Die Tabelle 1 zeigt eine Gegenüberstellung der traditionellen Führung gegenüber dem Digital Leadership. Es ist die Rede von Führung 2.0 in Zeiten von Industrie 4.0. 21 In Zukunft wird das Digital Leadership als Führungsstil in Unternehmen verankert werden müssen, um eine agile Unternehmenskultur leben zu können. Digital Leadership wird hierbei als die Abkehr von der traditionellen Führungskultur gesehen. Der digital Leader ist emphatisch und teamorrientiert. Die Führungsstile werden sich auch durch den Generationenwechsel vollziehen, dennoch wird es für die Unternehmen eine Herausforderung sein, alte Strukturen und Denkmuster aufzubrechen.22

4.1.1 Assistenzszenario – der Akteur Mensch

In diesem Szenario, wird dem Menschen bzw. seiner Arbeit in der Zukunft ein höherer Stellenwert beigemessen, als es in der bisherigen Vorstellung einer Smartfactory erläutert wurde. Die Frage, ob der Mensch ersetzbar wird, findet in dieser Variante keinen Boden. Im Gegenteil, die Aufgaben und Tätigkeiten des Menschen verändern sich. Mitarbeiter oder Teams aus Mitarbeitern werden bspw. Kundenaufträge in Echtzeit erhalten, durch intelligente mobile Endgeräte. Das Team wird je nach Verfügbarkeit von Ressourcen

---

[21] Vgl. *Pundt, L., Greve, A.,* Führung, 2017, https://www.wiso-net.de/toc_list/ZOE/2017/DT%3D20170415%20AND%20%222%22.HN./Heft%2B2%2B%252F%2B2017/ZOE#ZOE__ZOE-ZOE1234021, OrganisationsEntwicklung, Neue Führung braucht das Land, 2017, S. 14-20, Zugriff am 30.07.2019.

[22] Vgl. *Keuper, F., et al.,* Digital Leadership, 2018, S. 34.

dann die Tätigkeiten untereinander verteilen. Das intelligente mobile Endgerät stellt somit den Assistenten dar und unterstützt den Mitarbeiter bei der Erfüllung seiner Aufgaben.[23] Auch der Einsatz von Robotern als Assistent für den Menschen ist in der Zukunft ein realistischer Ansatz. Die Firma Bosch z.B. setzt bereits heute ihre eigenproduzierten Roboter, sog. Apas – Automatische Produktionsassistenten bei einfachen Tätigkeiten ein. Diese Roboter sind mit Kameras und feiner Sensorik ausgestattet. Sehen aus wie große Kühlschränke mit zwei dreigliedrigen Armen. Eine Berührung in physischer Form mit dem Menschen findet nicht statt. Der Roboter ist auch nicht selbstlernend, sondern wird programmiert. Was er aber beherrscht, ist seinen Roboterkollegen über eine Cloud seine Programme zu übertragen bzw. sich gegenseitige Updates zu verpassen. Dennoch wird es in diesem Szenario eine menschenlose Fabrik nicht geben, so sind sich führenden Hersteller wie Bosch oder Kuka einig. Man spricht von einer Mensch-Roboter-Kolloboration, in der der Mensch höherwertigere Aufgaben übernehmen wird als heute. Neue Branchen, die bislang unerreichbar erschienen, können mit diesem Szenario erobert werden.[24]

4.1.2 Automatisierungsszenario – der Akteur Maschine

In diesem Szenario wird bei der Aufgabenbewältigung die intelligente Maschine die Rolle des Protagonisten einnehmen und der Mensch eine Nebenrolle. Nehmen wir bspw. den Einsatz von fahrerlosen Transportfahrzeugen (FTF) oder Transportsystemen (FTS). Während FTF eigenständige Fördermittel sind, spricht man bei FTS von einem System, welches mit einer Leitsteuerung vernetzt ist, die die gesamte Verwaltung von Aufgaben übernimmt. Um z.B. einen flexiblen Materialfluss gewährleisten oder auch längere Strecken zu überwinden zu können, werden FTS eingesetzt, sog. Intralogistikaufgaben. Diese Lösungen finden heute bereits an Flughäfen oder in Krankenhäuser Anwendung, werden sich aber auch in anderen Bereichen und Branchen noch weiter etablieren. Hier dient der Mensch als Informationsgeber und das System arbeitet zukünftig autonom. Bei unvorhersehbar eintretenden Umständen agiert er als Helfer und erklärt theoretisch eine Lösung, dass das System als Programmerweiterung versteht und zukünftig anwendet.[25]

---

[23] Vgl. *Kagermann, H.,* Mitarbeiter im Vordergrund, https://www.zeit.de/karriere/beruf/2014-11/hen ning-kagermann-zukunft-arbeit-interview, Zeit online, Hamburg, 20.11.14, Zugriff am 25.07.2017.

[24] Vgl. *Buchenau, M., Höpner, A.,* Roboter als Assistent, https://www.handelsblatt.com/technik/hanno vermesse/industrie-4-0-revolution-auf-der-hannover-messe/11625858-all.html, 13.04.2015, Handels blatt, Düsseldorf, Zugriff am 27.07.19.

[25] Vgl. *Bauernhansl, T., et al.,* Fahrerlose Transportsysteme, 2014, S. 221 ff.

Es wird deutlich schwerer werden, einen Job zu finden, für den zwei gesunde Arme und Beine ausreichen werden. Die intelligenten Maschinen oder Roboter werden immer schlauer und brauchen den Menschen in virtuellen oder physischen Räumen nur für Informationen oder Problemlösungen. Vieles davon kann der Mensch derzeit noch nicht erfassen, weil er keine Vorstellung davon hat, was es wirklich bedeuten wird in der Zukunft von einer Maschine gesteuert zu werden.[26]

4.1.3 Ersetzbarkeit als Gefahr

Ist ein Mensch aufgeklärt, dann sieht er bestimmte Themen weniger als Gefahr, sondern kann sich damit auseinandersetzen oder auch anfreunden. Das ist auch zutreffend für die Frage nach der Ersetzbarkeit des Menschen in einer digitalen Welt. Diese digitale Welt wird anders sein als heute, aber dennoch werden gleich mehrere Szenarien nebeneinander ablaufen, wie im Kapitel zuvor beschrieben. Der Mensch assistiert der Maschine oder aber die Maschine dem Menschen und beides gleichzeitig. Es wird Konflikte geben, an die heute noch niemand denkt, weil man nicht in der Lage ist, sich eine Vorstellung darüber zu machen.[27]

4.2 Kritische Würdigung und Handlungsempfehlung

Ist die Maschine Feind oder Freund? Diese konfliktreiche Frage stellen Caja Thimm und Thomas Christian Bächtle in Ihrem gleichnamigen Buch „Die Maschine: Freund oder Feind?" Der Mensch hat Angst, Angst davor nicht mehr gebraucht zu werden - die Angst vor der intelligenten Maschine und seinen Folgen. Einen Untergang der Menschheit prophezeien die Kritiker, neue Chancen sehen die Befürworter.[28] Irgendwo dazwischen wird die Wahrheit liegen. Eine aufgeklärte Gesellschaft wird sich in einem ausgewogenem Maß über die Vor- und Nachteile der digitalen Welt Gedanken machen, darüber diskutieren und Maßnahmen einleiten. Ganz vorne weg, muss dies in der Politik vorgegeben bzw. vorgelebt werden. Die Möglichkeit in neue Märkte vorzustoßen oder aber aber innovative Produkte herzustellen, sind erstrebenswerte Ziele. Dennoch birgt die vierte Revolution auch Risiken für die Arbeitswelt des Menschen, für die Unternehmen und die gesamte

---

[26] Vgl. *Sendler, U.*, Menschheit im Umbruch, https://link.springer.com/content/pdf/10.1007%2Fs00287-017-1062-1.pdf, 2017, Zugriff am 25.07.2019, S. 10.
[27] Vgl. *Thimm, C., Bächtle, T. C.*, Ersetzbarkeit des Menschen, 2019, S. 161 ff.
[28] Vgl. *Thimm, C., Bächtle, T. C.*, Ersetzbarkeit des Menschen, 2019, S. 170 ff.

Gesellschaft. Eine generelle gesellschaftliche Herausforderung gilt der Sicherung der Arbeitsplätze, nicht zwingend die gleichen wie heute, denn das wird sich verändern, sondern viel mehr die neuen Techniken als Chance für neue Tätigkeitsfelder zu nutzen. Selbstverständlich ist bei diesem neuen Findungsprozess auch der Mensch bzw. Mitarbeiter ein Teil dieses Prozesses. Es sollten daher klare Regeln getroffen werden, inwiefern die Maschine den Menschen ersetzen darf. Denn ohne eine klare Regelung, wird es zu einem heute noch nicht abschätzbaren Fiasko für die gesamte Gesellschaft kommen.

Das Thema Datenschutz wird einen noch höheren Stellwert einnehmen müssen, denn der Mensch neigt bekannterweise zum condorcet paradoxon, wenn es um die Eingabe seiner Daten in eine world-wide-web Maske einzugeben. Hier müssen noch tiefgreifendere Datenschutzkontrollen stattfinden. Der Mensch sollte um seine Daten geschützt werden und zwar vor dem Menschen.

Unternehmen, die das Thema Industrie 4.0 in ihren Unternehmen aufnehmen möchten oder müssen, sollten sich nach einem Grundlagenverständnis mit einem Digitalisierungskonzept oder Strategie auseinandersetzen, ggf. auch mit externer Unterstützung, in Form von Beratern. Sie sollten sich darüber klar werden, was es für den Menschen bedeutet, für die Maschinen und letztlich für das Unternehmen. Allein die Konzepterstellung wird Ressourcen verzehren, geschweige denn dann die spätere Umsetzung. Aber ist dies geschafft, wird das Unternehmen in der Lage sein, effizienter und somit sein Invest wieder einfahren. Allein auch aus dem Grund der Wettbewerbsfähigkeit, denn wer jetzt nicht einsteigt und sich mit dem Thema auseinandersetzt, wird später den Trend verpasst haben und hinterherhecheln. Nicht alles was Industrie 4.0 zu bieten hat, passt zu jedem Unternehmen, daher ist ein Konzept bzw. eine Strategie das A und O. Auch um die Kosten im Blick zu haben, besser gesagt, überhaupt ein Gefühl dafür zu bekommen, was es aus monetärer Sicht bedeutet derartige Innovationen ins Unternehmen zu tragen. Das Konzept sollte zudem auch die Kommunikation mit sämtlichen Schnittstellen im Unternehmen enthalten, sowohl intern als auch extern. Zudem sollte auch unbedingt das Personal frühzeitig mit ins Boot genommen werden. Transparenz wird auch in diesem Fall ein erstrebenswerter Weg sein, um erfolgreich mit diesem Projekt sein zu können.

5 Fazit

In diesem Kapitel, welches den Schlussteil dieser wissenschaftlichen Arbeit einleitet, wird ein ausführliches Fazit gezogen und eine Zielerreichung zur Forschungsfrage ausgeführt.

5.1 Zielerreichung

Das Ziel dieser wissenschaftlichen Arbeit war es, dem Leser ein Grundverständnis inkl. Handlungsempfehlung zu geben. Dieses Ziel wurde erreicht, da alle grundlegenden Themen zu Industrie 4.0 ausführlich erläutert und durch wissenschaftliche Literatur belegt wurden. Außerdem wurde die Forschungsfrage „Womit müssen sich Unternehmen in Deutschland auseinandersetzen, wenn Sie das Thema Industrie 4.0 und damit einhergehend die Digitalisierung in ihrem Unternehmen etablieren möchten?" bearbeitet und auch hierauf wurden ausführliche Antworten gefunden. Um die Frage im Wesentlichen zu beantworten wurden Begriffsdefinitionen durchgeführt, so dass die zusammenfassende Antwort lautet, dass ein Unternehmen sich im Vorfeld Gedanken machen sollten, im Grunde ein Konzept oder eine Strategie erstellen. Sie müssen sich über die Kosten, das Personal, die Kommunikation, die Maschinen und die IT im Klaren sein. So dürften Unternehmen ein erfolgsversprechendes Projekt starten.

5.2 Perspektiven

Das Projekt Industrie 4.0 bietet viele Möglichkeiten mit Chancen und Risiken. Neue Märkte zu erschließen, die heute zum Teil schon bekannt sind, aber auch Märkte an die heute noch keiner denkt. Folglich wird es Märkte geben, die wegfallen werden. Damit einhergehend wird es ebenso auch einen gewaltigen Wandel in der Arbeitswelt geben, neue Arbeitsplätze werden geschaffen, alte fallen weg oder verändern sich. Generell wurde durch das Projekt Industrie 4.0 ein sehr großer Wandel angestoßen, auf den Unternehmen sich besser heute als morgen vorbereiten sollten, um ihre zukünftige Wettbewerbsfähigkeit zu erhalten. Auch die Führungskräfte der Zukunft werden eine originellere Rolle als heute einnehmen, weg vom Boss-sein, hin zum Partner-sein. Dies alles wird eine gewisse Zeit in Anspruch nehmen, bis es etabliert ist und dann rückt die nächste industrielle Revolution schon wieder näher, denn Stillstand ist der Tod.

Literaturverzeichnis

Andelfinger, Volker, Hänisch, Till (Wandel der Arbeitswelt, 2017): Industrie 4.0 – wie cyber-physische-Systeme die Arbeitswelt verändern, Wiesbaden: Springer Gabler, 2017

Bauernhansl, Thomas, et al. (Fahrerlose Transportsysteme, 2014): Industrie 4.0 in Produktion, Automatisierung und Logistik – Anwendung, Technologien, Migration, Wiesbaden: Springer Gabler, 2014

Betsch, Oskar, Thomas, Peter (Industrialisierung, 2005): Industrialisierung in der Kreditwirtschaft – Informationstechnologie und Managementkonzepte, 1. Aufl., Wiesbaden: Gabler, 2005

Botthof, Alfons, Hartmann, Andreas (Zukunft der Arbeit, 2015): Zukunft der Arbeit in Industrie 4.0, Berlin: Springer Vieweg, 2015

Bremer, Anne (Internet der Dinge, 2017): Diffusion des Internet der Dinge auf die mittlere Beschäftigungsebene der Industrie, Bielefeld: Bertelsmann Verlag, 2017

Ceylan, Rauf (Ethnische Kolonien, 2006): Ethnische Kolonien – Entstehung, Funktion und Wandel am Beispiel türkischer Moscheen und Cafés, 1. Aufl., Wiesbaden: VS Verlag, 2006

Deckert, Roland (Technologischer Wandel, 2019): Digitalisierung und Industrie 4.0 – Technologischer Wandel und individuelle Weiterentwicklung, Wiesbaden: Springer Gabler, 2019

Gleich, Ronald (Cloud Computing, 2016): Unternehmenssteuerung im Zeitalter von Industrie 4.0, 1. Aufl., München: Haufe Lexware, 2016

Kersten, Wolfgang, Koller, Hans, Lödding, Hermann (Industriebewegung, 2014): Industrie 4.0 – Wie intelligente Vernetzung und kognitive Systeme unsere Arbeit verändern, Berlin: GITO Verlag, 2014

Keuper, Frank, et al. (Digital Leadership, 2018): Disruption und Transformation Management – Digital Leadership, Digitales Mindset – Digitale Strategie, Wiesbaden: Springer Gabler, 2018

Pinnow, Carsten, Schäfer, Stephan (IT-Sicherheit, 2017): Industrie 4.0 – Safety und Security – Mit Sicherheit gut vernetzt, 1. Aufl., Berlin: Beuth, 2017

Schneider, Jochen (Datenschutz, 2017): Datenschutz – nach der EU-Datenschutz-Grund-verordnung, München: Beck, 2017

Seiter, Mischa, et al. (Umsetzung Industrie 4.0, 2016): Roadmap Industrie 4.0, Hamburg: tredition, 2016

Sendler, Ulrich (Kommunikation, 2016): Industrie 4.0 grenzenlos, 1. Auflage, Berlin: Springer Vieweg, 2016

Thimm, Caja, Bächtle, Thomas C. (Ersetzbarkeit des Menschen, 2019): Die Maschine: Freund oder Feind?, Wiesbaden: Springer Gabler, 2019

Walter, Rolf (Wirtschaftsgeschichte, 2011): Wirtschaftsgeschichte – Vom Merkantilismus bis zur Gegenwart, 5. Aufl., Köln: Böhlau Verlag, 2011

Internetquellen

Buchenau, Martin-W., Höpner, Axel (Roboter als Assistent, 2015): Revolution auf der Hannover Messe, <https://www.handelsblatt.com/technik/hannovermesse/industrie-4-0-revolution-auf-der-hannover-messe/11625858-all.html> (2015-04-13) [Zugriff 2019-07-27]

Frick, Thomas (Industrierevolutionen, o.J.): Industrierevolutionen, <https://industriewegweiser.de/von-industrie-1-0-bis-4-0-industrie-im-wandel-der-zeit/> (keine Datumsangabe) [Zugriff 2019-07-24]

Kagermann, Henning, et al. (Start Industrie 4.0, 2011): Industrie 4.0: Mit dem Internet der Dinge auf dem Weg zur 4. industriellen Revolution, <https://www.wisonet.de/document/VDIN__477520%7CVDIA__477520> (2011-04-01, Nr. 13) [Zugriff 2019-07-25]

Kagermann, Henning (Mitarbeiter im Vordergrund, 2014): Mitarbeiter im Vordergrund, <https://www.zeit.de/karriere/beruf/2014-11/henning-kagermann-zukunft-arbeit-interview> (2014-11-20) [Zugriff 2019-07-25]

Pundt, Leena, Greve, Andreas (Führung, 2017): Neue Führung braucht das Land – Herausforderung der Organisation 4.0 <https://www.wisonet.de/toc_list/ZOE/2017/DT%3D20170415%20AND%20%222%22.HN./Heft%2B2%2B%252F%2B2017/ZOE#ZOE__ZOEZOE1234021> (2017-04-15) [Zugriff 2019-07-30]

Sendler, Ulrich (Menschheit im Umbruch, 2017): Informatik Spektrum, Menschheit im Umbruch, <https://link.springer.com/content/pdf/10.1007%2Fs00287-017-1062-1.pdf> (2017) [Zugriff 2019-07-27]